DES SURCHARGES

ET

DES PERTES ABSOLUES

QU'OCCASIONERRAIT

AUX CONTRIBUABLES LA RÉDUCTION DE NOTRE DETTE RENTIÈRE,

PAR VOIE D'EMPRUNT

A AUGMENTATION DE CAPITAL.

IMPRIMERIE DE COSSON,

RUE SAINT GERMAIN-DES-PRÉS, N° 9.

DES SURCHARGES

ET

DES PERTES ABSOLUES

QU'OCCASIONERAIT AUX CONTRIBUABLES

LA RÉDUCTION

DE

L'INTÉRÊT DE NOTRE DETTE RENTIÈRE,

PAR

VOIE D'EMPRUNT A AUGMENTATION DE CAPITAL.

PAR ARMAND SÉGUIN,

DE L'INSTITUT.

> Les pires sourds, après ceux qui ne veulent pas entendre, sont ceux qui n'ont nulle *capacité* de comprendre.

PARIS.

FÉVRIER 1830.

INTRODUCTION.

Le *prestige* de la direction financière de 1825 n'était que le résultat d'un rêve fantastique.

En effet on annonçait *consciencieusement ou astucieusement* qu'il devait en résulter des *décharges* pour les contribuables.

Et, cependant, en approfondissant convenablement la matière, on aurait d'autant plus facilement entrevu un résultat *contraire*, qu'en parlant de décharge, on prétendait, en même temps, pouvoir subvenir, par l'opération de la *conversion*, à une nouvelle charge équivalente, nécessitée par l'*indemnité*.

Aujourd'hui que certaines personnes sembleraient encore vouloir renouveler ce rêve, il est important de remettre en pleine évidence les *imminens dangers* d'une telle tentative.

Puissions-nous, après avoir apporté tous nos soins à cette démonstration, n'avoir pas à nous dire :

Les pires sourds, après ceux qui ne veulent pas entendre, sont ceux qui n'ont aucune capacité pour comprendre.

Des surcharges et des pertes absolues qu'occasionerait aux contribuables la réduction de l'intérêt de notre dette rentière, par voie d'emprunt à augmentation de capital.

Le gouvernement n'aurait intérêt à se libérer, par *remboursement forcé*, de notre dette rentière que dans ces deux positions :

1° Quand la portion de son actif, qu'il consacrerait à ce remboursement forcé, ne lui procurerait pas, autrement, *directement* ou *indirectement*, un taux d'intérêt plus *élevé* que celui de la dette dont il projetterait le remboursement.

2° Quand, *directement* ou *indirectement*, le taux d'intérêt des emprunts qu'il projetterait pour effectuer ce remboursement, serait *inférieur* à celui de la dette à rembourser.

En effet, un rentier, dont l'inscription serait menacée d'un remboursement *forcé*, ou un capitaliste à placement qui voudrait acheter cette inscription, ne pourraient se prêter, le premier à la conversion de son titre, le second à l'achat du second titre, qu'autant 1° que la combinaison de l'emprunt qui devrait servir au remboursement serait à augmentation de capital ; 2° et que sa durée de libération serait telle que l'augmentation de capital égalerait et même dépasserait la perte comparative de revenus, ou, ce qui revient au même, la différence entre les revenus de l'ancienne et de la nouvelle dette.

Ainsi, si l'on voulait faire des emprunts à 4 p. o/o, sur des 3 pour cent, pour rembourser des 5, il faudrait que les durées de la libération de ces emprunts fussent telles que l'augmentation du capital égalât la perte d'un cinquième du plus fort revenu.

D'après ces explications, recherchons, si un remboursement *forcé* de nos 5 pour cent, fondé sur un emprunt, réalisable, fait à 4 p. o/o sur des 3 pour cent, procurerait soit une *décharge*, soit une *surcharge* pour les contribuables, et, en définitive, soit une *perte*, soit un *bénéfice* absolus pour l'Etat.

La solution de ce problème tranchera forcément la question de savoir si, ainsi que l'avancent les partisans du système de réduction, cette réduction produirait, dans notre *spécialité*, une décharge pour les contribuables, ou si, ainsi que je l'avance et que je m'en rends garant, elle produirait, au contraire, *nécessairement* et *forcément*, une surcharge.

Un emprunt fait à 4 pour o/o sur des 3 pour cent, pour rembourser les 5 pour cent, loin de procurer aux contribuables un soulagement annuel quelconque, leur occasionerait au contraire une surcharge annuelle considérable.

Voici quelle est ma proposition :
Un emprunt, réalisable, fait à 4 pour o/o sur des 3 pour cent, dans le but de rembourser nos 5

pour cent, loin de décharger annuellement les contribuables de 26 millions, ainsi qu'on semble-rait s'en flatter, leur occasionerait au contraire une surcharge annuelle de

$$27,248,000 \text{ fr.}$$

Et, en définitive, relativement à notre spécialité, une perte de

$$910,974,750 \text{ fr.}$$

Comme *l'évidence* de cette proposition est la preuve la plus *concluante* de *l'aberration* et des *illusions* de ceux qui soutiennent que le rembour-sement *forcé* de nos 5 pour cent, dû à des seconrs d'emprunts, réalisables, à *augmentation de capi-tal,* serait *convenant* et *pécuniairement avantageux* pour l'Etat, je vais la présenter sous toutes ses faces, et dans ses moindres détails.

Pour simplifier ces recherches, appliquons-les d'abord à un emprunt de 100 millions, puis nous en déduirons les conséquences relatives à notre *spécialité.*

Emprunt

de 100 millions — fait à l'intérêt de 4 pour o/o, sur des 3 pour cent, — remboursables en 20 années par parties égales, avec accroissement annuel de 1 fr. 25 c. sur le taux vénal du prix de négociation, ou, ce qui revient au même, par rachat à 87 fr. 50 c. pour 3 fr.

———

Ces cent millions de l'emprunt, appliqués au remboursement forcé de rentes 5 pour cent, éteindraient, en arrérages

5,000,000 fr.

L'émission en rentes 4 pour cent serait de

4,000,000, fr.

Il y aurait donc une diminution d'arrérages de

1,000,000 fr.

Mais, d'un autre côté, les 4 pour cent devant être livrés à

75 fr. pour 3 fr.

Et devant être rachetés au taux *moyen* de

87 fr. 50 c. pour 3 fr.

La somme de libération serait de

116,666,000 fr.

Conséquemment la perte sur le capital serait de

16,666,000 fr.

Or ce qui, dans cette position, serait *bénéfice* pour le gouvernement, serait *perte* pour le prêteur, et ce qui serait *perte* pour le gouvernement, serait *bénéfice* pour le prêteur.

Si donc on pouvait trouver un mode tel de combinaisons, que, pour le prêteur, l'importance de *la perte* et celle du *bénéfice* fussent égales, il en résulterait que l'emprunt serait *réalisable*, et qu'il pourrait même l'être par conversion volontaire, moins difficilement qu'il ne le serait par toute autre combinaison.

Pour atteindre ce but, la question à résoudre serait donc celle-ci.

Combien faudrait-il d'années pour qu'une somme de 1,000,000 fr., se renouvelant tous les ans, et calculée à l'intérêt de 4 pour 100, s'élevât à la somme de

33,333,000 fr. ?

Des calculs convenables prouvent que, pour atteindre cette égalité, il faudrait que la durée de libération fût de

19 années, 11 mois, 16 jours.

autant vaut dire

20 années.

Ce nombre d'années serait nécessairement, non-seulement l'époque où, pour les prêteurs à placemens, et pour ceux à *substitution*, la diminution de revenu calculé à l'intérêt de 4 pour o/o, égalerait l'augmentation du capital; mais de plus l'époque, où, dans toutes les hypothèses, le taux vénal des 3 pour o/o atteindrait, au plus tard, le taux constitué de cette valeur.

Cette première solution amène nécessairement cette seconde question :

Qu'elle serait la dotation nécessaire pour, en 20 années, à l'intérêt de 3 $\frac{429}{1000}$ pour o/o (c'est-à-dire à l'intérêt de 3 fr. pour 87 fr. 50 c.) éteindre une dette de

116,666,000 fr. ?

Des calculs convenables prouvent qu'il faudrait que cette dotation fût de

4,068,000 fr.

Dès lors, on a suffisamment d'élémens pour en obtenir des résultats absolus.

Par suite, recherchons de même, pour établir la comparaison, les élémens de notre position rentière, 5 pour 100.

Au 22 juin 1830, notre puissance amortissante, indépendante de celle applicable, par spécialité, à l'emprunt de 80 millions, sera de

77,503,204 fr.

Et notre dette rentière, en y comprenant les 3 et les 5 pour cent, sera en capital de

5,834,827,950 fr.

D'où il suit que le rapport de la puissance à la dette sera de

$$2,\frac{21}{100} \text{ pour o/o;}$$

C'est-à-dire d'un peu plus de 2 pour o/o.

Et conséquemment, que, pour un capital de 100 millions, la dotation pour libération en 20 années serait de

2,020,000 fr.

D'après cela, comparons les débours annuels dans les deux cas, savoir : celui du *maintien* des 5 pour cent; celui de leur remboursement *forcé*, par emprunt à 4 pour o/o sur des 3 pour cent.

Maintien des
5 pour cent.

Dotation.	2,020,000 fr
Arrérages. . . . . ,	5,000,000
Ensemble.	7,020,000 fr.

Emprunt pour remboursement *forcé.*

Dotation. . . . . : . . . . . . 4,068,000 fr.
Arrérages. . . . . : 4,000,000

        Ensemble. . . . . . . 8,068,000 fr.

Balance.

Emprunt. . . . . 8,068,000 fr.
Maintien des 5. 7,020,000

Excédant par emprunt. . . . . 1,048,000 fr.

Ainsi, loin que les contribuables pussent jouir, ainsi qu'on les en flatterait, d'un soulagement annuel de

26 millions,

ils auraient au contraire, par le fait de la conversion, à supporter, relativement à notre spécialité; une surcharge annuelle de

27,248,000 fr.

Et cette surcharge, existant pendant les 20 années *de la libération* de l'emprunt, leur aurait occasioné à cette époque une perte de

843,752,000 fr.

Il est donc évident que cette combinaison d'emprunt, à laquelle se rattachent tous les partisans de la réduction, non-seulement ne procurerai pas aux contribuables le soulagement qu'on voudrait leur faire espérer, mais au contraire leur occasionerait une surcharge annuelle de 27,248,000 fr. et en définitive, au bout de vingt années, une perte absolue de 843,752,000 fr.

Pertes qu'occasionerait en définitive à l'Etat un tel genre de remboursement forcé.

Maintenant recherchons quelle serait définitivement, pour l'Etat, la perte d'un tel mode de remboursement forcé.

Le capital de nos cinq pour cent sera, au 22 juin 1830, de

2,595,191,940 fr.

La portion y afférente de notre puissance amortissante serait de

52,244,495 fr.

Avec cette puissance, la libération exigerait une durée de

24 années, 9 mois, 25 jours.

Cette durée, qui dépasse celle que nécessiterait la libération de l'emprunt dont les produits seraient consacrés au remboursement, doit donc se diviser en deux époques, la première correspondante à celle de la libération de l'emprunt savoir :

20 années.

La seconde, formant le complément de la libération des cinq pour cent, dans le cas de leur maintien, savoir :

4 années, 9 mois, 25 jours.

Comparant d'abord pendant cette première fixation de durée, savoir : pendant les 20 premières années, les débours annuels ; on a, sans emprunt, c'est-à-dire par *maintien* des cinq pour cent ;

Arrérages . . . . 5,000,000 fr.
Dotation . . . . 2,020,000 fr.

Ensemble . . . . 7,020,000 fr.

Avec remboursement forcé par produit d'emprunt :

Arrérages . . . . 4,000,000 fr.
Dotation . . . . - - 4,068,000 fr.

Ensemble . . . . 8,068,000 fr.

En balançant ces deux masses de débours, on trouve :

Avec maintien des cinq pour cent 7,028,000 fr.

Avec remboursement forcé des cinq
pour cent . . . . 8,068,000 fr.

Excédant avec remboursement. . . 1,048,000 fr.

Si donc on calcule cet excédant de débours annuels à l'intérêt de 4 pour o/o, on trouve à la
fin de la 20° année une somme de

54,372,000 fr.

Mais comme la balance de comparaison ne peut
avoir définitivement lieu qu'à l'expiration de la
durée de la libération des 5, en cas de leur maintien, savoir : qu'au bout de

24 années, 9 mois, 25 jours,

il faut reporter ces 54,372,000 fr., au taux d'intérêt
de 4 pour o/o, à cette même époque de

24 années, 9 mois, 25 jours.

En faisant ce calcul, on trouve que la somme
s'élèverait à

65,680,000 fr.

D'un autre côté, à partir de la fin de la 20°
année et jusques à l'achévement de la libération,
au bout de

24 années, 9 mois, 25 jours.

Les 5 pour cent n'ayant pas, dans le cas de maintien, été totalement éteints, exigeraient une continuation de débours annuels de

7,020,000 fr.

Et comme alors l'intérêt sur rentes serait sur la place de 4 pour 0/0, en calculant cette somme, qui se renouvellerait tous les ans, à l'intérêt de 4 pour 0/0, pendant

4 années, 9 mois, 25 jours.

On trouve qu'elle s'éleverait à
30,579,000 fr.

En établissant définitivement la balance à cette époque, on obtient le résultat suivant :

Balance.

Au bout de 24 ans — 9 mois — 25 jours.

Avec *maintien* des 5 . . . . 30,579,000 fr.

Avec remboursement. 65,680,000

Excédant par remboursement. . . 35,101,000 fr.

Ce qui, dans le rapport de notre spécialité, fixerait pour le remboursement une perte de

910,974,750. fr.

CONCLUSION.

Il est donc *incontestable* que, dans notre position, tout ministère *non malveillant* et *non mal intentionné* doit écarter toute idée d'obtenir une réduction de l'intérêt de notre dette rentière par le secours d'emprunt réalisable à augmentation de capital.

J'ai sans cesse rappelé cette vérité, peut-être à *satiété*; et néanmoins, sans redouter *de contrarier*, même *d'ennuyer*, je répéterai encore avec *persévérance*, jusqu'à ce que j'aie été *entendu* et *compris* par ceux qui doivent, avant tout, *entendre* et *comprendre* :

Dans notre position, la réduction de l'intérêt de notre dette rentière ne pourrait utilement et convenablement s'obtenir que par des remboursemens partiels, dus à nos propres ressources.

Sous ce rapport, il a été *préjudiciable* de favoriser, en 1825, les *annihilations*. J'en avais dès-lors proclamé avec *évidence* les dangers.

Aujourd'hui, il serait encore plus *préjudiciable* de supprimer une partie de notre puissance amortissante, pour en faire quelque emploi que ce soit, fût-ce même pour les appliquer *temporairement* aux décharges les plus *désirables* et les plus *désirées*, parce que, dans ce cas, on paierait bientôt bien chèrement une telle *lueur d'amélioration*.

En général, les véritables économies consistent moins à ne pas dépenser, qu'à ne dépenser que convenablement, à propos, et dans des momens opportuns.

Si l'on voulait approfondir cette dernière proposition très-importante, il faudrait une étendue bien plus considérable que celle que comporte cet écrit; je l'ai, au surplus, déjà traitée, avec peu de détails à la vérité, dans mes précédens ouvrages; mais j'aurai probablement lieu d'y revenir plus amplement, et avec étendue suffisante, relativement aux controverses probables de la prochaine session.

En attendant, je persisterai à dire avec tous les esprits *indépendans* et *étrangers* à toutes les *sectes*, à tous les *partis*, si ce n'est à celui qui n'a d'autre *point de mire* que la raison, le bonheur et la prospérité de la France.

Les pires sourds, après ceux qui ne veulent pas entendre, sont ceux qui n'ont nulle capacité de comprendre :

Que Dieu nous préserve de cette nuée de spectres humains, dont le seul *titre* de *recommandation* serait leur *déférence* et leur *complaisante condescendance* à des *influences* qui ont d'autant plus de *portée* et de *danger*, qu'on n'ose pas d'une part *publiquement* les avouer, et d'autre part les *signaler ouvertement*.

TABLE.